AF279330

Claudia Prado González

APULEYO EDICIONES   FOMENTO DE VALORES   CUENTOS ILUSTRADOS

LA VIDA QUE SE DA

APULEYO EDICIONES   FOMENTO DE VALORES   CUENTOS ILUSTRADOS

A Amelia, gracias por existir

Una pareja de tortugas recorría el litoral de la bahía en busca del lugar más hermoso, donde construir el nido más amoroso para la tortuga más esperada de la historia de las tortugas.

Y es que llevaban mucho tiempo ansiando transformarse en una familia.

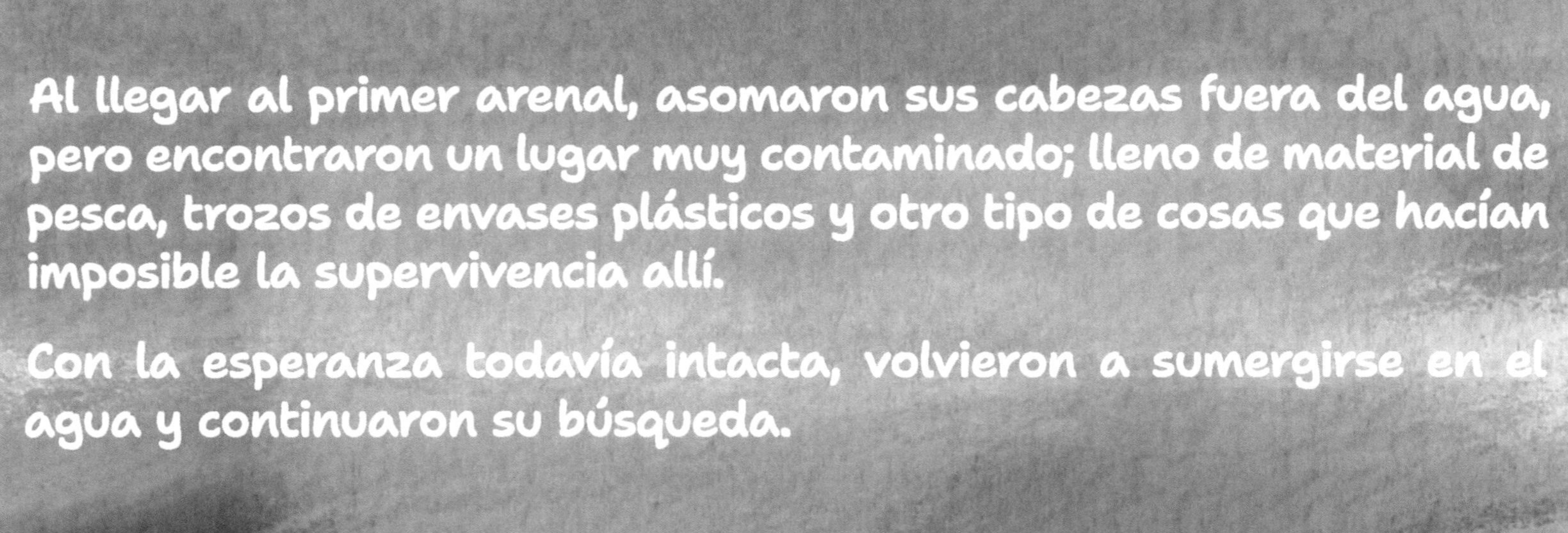

Al llegar al primer arenal, asomaron sus cabezas fuera del agua, pero encontraron un lugar muy contaminado; lleno de material de pesca, trozos de envases plásticos y otro tipo de cosas que hacían imposible la supervivencia allí.

Con la esperanza todavía intacta, volvieron a sumergirse en el agua y continuaron su búsqueda.

¡La siguiente playa estaba llena de humanos! Cientos de personas campaban a sus anchas, que si jugando a las palas, que si bañándose en el mar, que si lamiendo y relamiendo una especie de cosas congeladas envueltas en un envase de plástico...

No, definitivamente no. Muy arriesgado. Habían escuchado demasiadas historias sobre cómo los nidos de tortugas amigas habían sido destruidos por la insensatez humana. Mejor no asumir riesgos innecesarios.

Cuando volvieron a sumergirse, la tortuga que portaba el pequeño huevo comenzó a preocuparse, pues sabía que, si pasaba demasiado tiempo en su interior, la pequeña tortuguita moriría.

De repente, el agua comenzó a cambiar, cada vez era más cristalina y el reflejo del sol ondeaba con el baile de las olas formando el arcoíris. ¡Una imagen mágica!

Cuando sacaron sus cabezas a la superficie sus corazones empezaron a latir con fuerza, pues un inmenso arenal de blanca arena rodeado por un frondoso bosque se abría ante sus ojos. Este era el sitio. Sin duda.

Con una sonrisa en la cara e ilusión en el corazón, comenzaron su camino hacia tierra firme.

Construyeron el nido con esmero, pues este sería el segundo hogar de su pequeño bebé después de su cuerpo. Depositaron el huevo, y volvieron al océano.

Ahora tocaba tener paciencia, **la gran ciencia de la paz.**

Amanecía, pasaba el día, atardecía y... nada.

¡Amanecía, pasaba el día, atardecía y... nada!

¡¡¡Amanecía, pasaba el día, atardecía y... nada!!!

Hasta el cuarto día, en el que ese pequeño huevito comenzó a vibrar y moverse, y le empezaron a salir grietas. Y de repente...

¡Plas! ¡Psss! ¡Pum!

—¡Ay! Qué agobio tenía ahí dentro. Estaba demasiado apretada —dijo la pequeña tortuga.

Una pequeña tortuguita asomó su cabeza, sintió como el aire comenzaba a entrar en sus pulmones, como su corazón latía; abría y cerraba sus pequeños ojos mientras observaba el lugar en el que se encontraba. Para su sorpresa, no había nadie más allí. Era un lugar oscuro, pequeño...

Pronto comprendió que debía salir, y se dio cuenta de que había un camino. Comenzó a subir aquello que parecía una ladera.

Al llegar a la cima, asomó su cabeza y vio el inmenso arenal en el que se encontraba, con aquel cielo azul lleno de esos seres voladores y el océano con el estruendo de las olas, el miedo la invadió, y rápidamente volvió a la seguridad de su nido.

Cuando pudo relajarse, porque relajarse solita siendo un bebé pues no es nada fácil, se dio cuenta de que al lado de su huevo había un papel enroscado y, en ese papel, había algo escrito en el idioma secreto de las tortugas marinas:

Querida hija, querida Plancton, ¡¡bienvenida a la vida!!

¡¡Te estábamos esperando!!

Somos tu familia, y te escribimos esta carta para decirte que es normal sentir miedo. Nosotras te estamos esperando al otro lado del arenal que deberás recorrer tú sola. Pero en tu mente, en tu corazón y en tu cuerpo está la sabiduría y la capacidad ancestral de nuestra especie, que te impulsará para llegar a las maravillosas aguas del océano, donde la vida se da de la forma más perfecta que puedas imaginar.

Tú puedes, tú eres capaz, este solo es un pequeño desafío ante la gran escuela que estás por comenzar.

Te amamos.

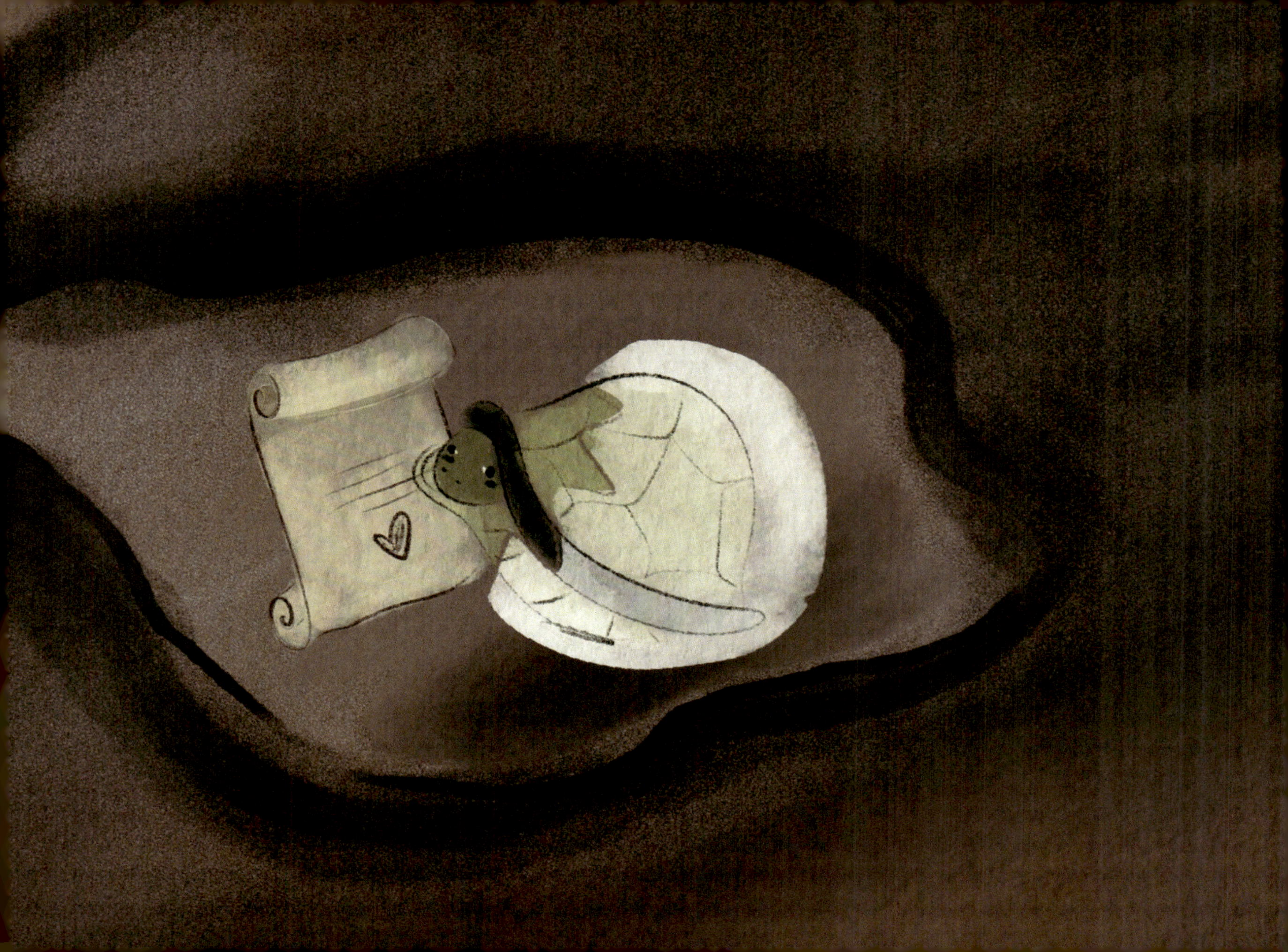

—Guau, guau, ¿esta carta es para mí? Es mi familia, ¡me aman! Y si dicen que puedo hacerlo, será verdad, porque la familia nunca miente.

Así que, con el pecho lleno de valentía comenzó de nuevo. Al llegar a la puerta, respiro hondo una vez, otra vez, y otra vez. Sin pensar, su cuerpo comenzó a moverse vigorosamente.

El sonido del mar le aterraba, las sombras de las gaviotas sobrevolando su cuerpo le aterraban, pero tenía un objetivo que alcanzar.

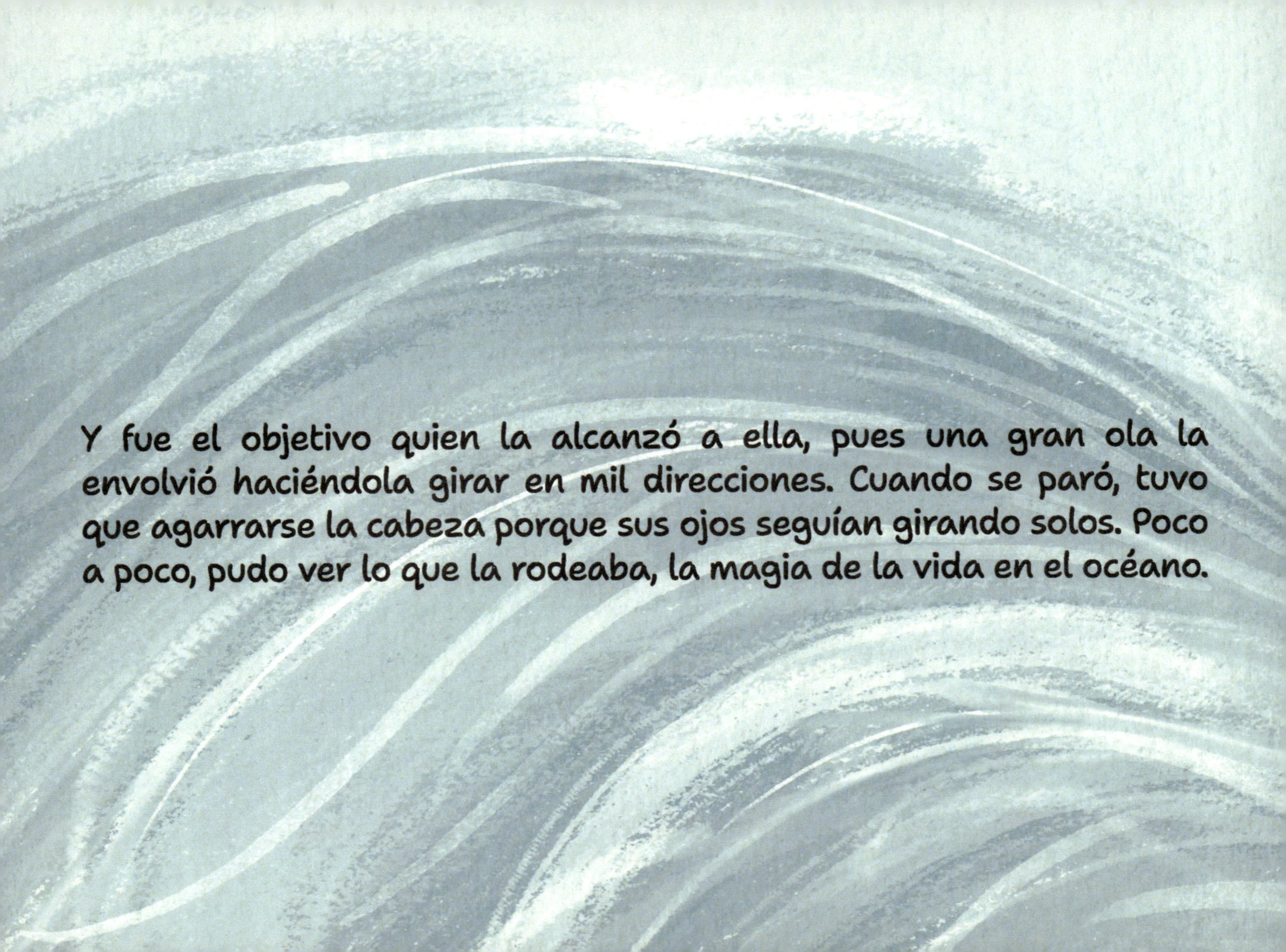

Y fue el objetivo quien la alcanzó a ella, pues una gran ola la envolvió haciéndola girar en mil direcciones. Cuando se paró, tuvo que agarrarse la cabeza porque sus ojos seguían girando solos. Poco a poco, pudo ver lo que la rodeaba, la magia de la vida en el océano.

De repente, dos grandes figuras se acercaron bailando al son de la corriente.

—¡Oh, Plancton! ¡Llevábamos tanto tiempo esperándote! Bienvenida a la vida, mi amor.

APULEYO
EDICIONES

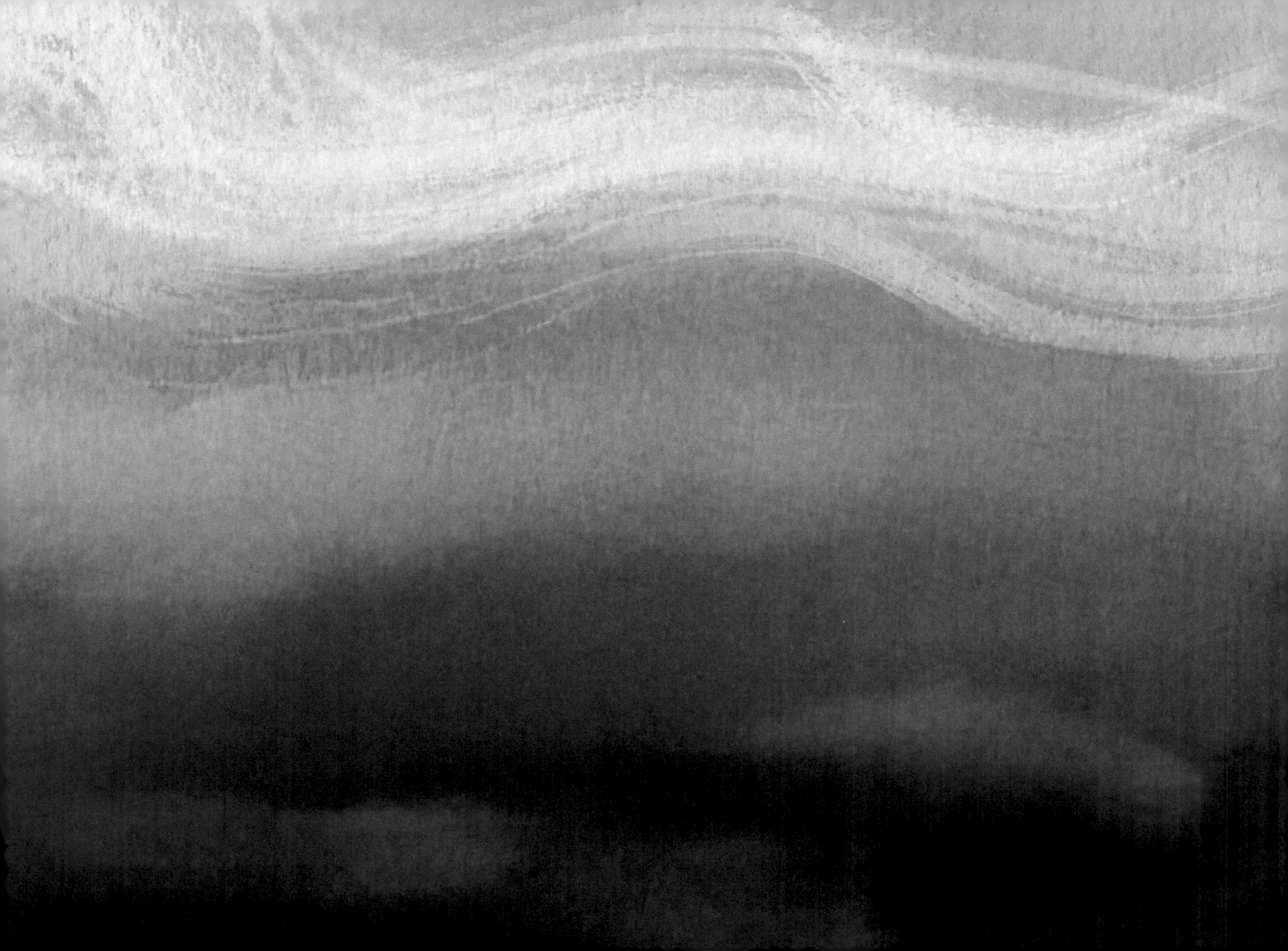

LA VIDA QUE SE DA

APULEYO EDICIONES   FOMENTO DE VALORES   CUENTOS ILUSTRADOS

Claudia Prado González

APULEYO EDICIONES   FOMENTO DE VALORES   CUENTOS ILUSTRADOS